UN, DOS, TRES el año se FUE

PARA MIS PADRES
CON CARIÑO,
G. T.

PARA TAMI Y LUCINDA,
H. B.

acertijos matemáticos para
despertar la mente

UN, DOS, TRES el año se fue

Greg Tang

ILUSTRADO POR Harry Briggs

EVEREST

PRIMAVERA HOLANDESA

Holanda es bicis, canales,
molinos y vendavales;

y es una inmensa pradera
de flores en primavera.

¿Cuántos tulipanes ves?
Hay una receta, y es:

siempre están mejor las flores
combinando los colores.

¡NO PARA DE LLOVER!

¡Tiempo de perros? ¡De ranas!
No escampa hace tres semanas.

Con tanto y tanto aguacero
se ha vaciado el paragüero,

y los paraguas por pares
lucen todos sus lunares.

Descubre grupos de diez
para sumar esta vez.

¡CÁSCARAS!

En la granja de María
amanece un nuevo día.

Sale el ganado vacuno
en busca del desayuno

y la familia porcina
se refresca en su piscina.

¿Cuántos pollos han nacido?
Es fácil lo que te pido:

tres veces tres haría yo,
menos el que aún no salió.

ARTE PASCUAL

Llegó la Pascua y los huevos
estrenan sus trajes nuevos.

Pintados de mil colores
se esconden entre las flores.

Esta idea puede ayudarte
a contar tanta obra de arte:

tengan rayas o lunares,
¡mejor míralos por pares!

LAMER Y CONTAR

¡Qué calor! Estoy asado.
Se me derrite el helado.

Gotea sobre mi ropa,
me pone como una sopa.

¡Y ahora hay que contar las bolas!
¿Por qué no se cuentan solas?

Quizá dé menos trabajo
sumarlas de arriba abajo.

ALAS PUNTEADAS

La señora Mariposa
se tumba al sol y reposa

mientras vuelan sus vecinas
jugando a las cuatro esquinas.

Cada cual luce sus puntos;
¿cuántos serían todos juntos?

Los contarás de una vez
por pares que sumen diez.

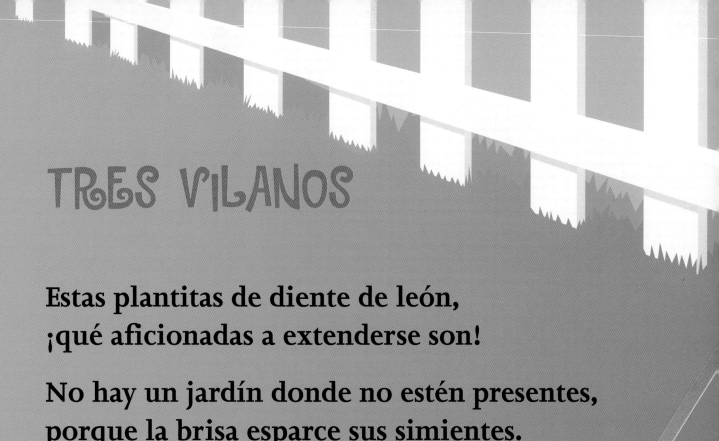

TRES VILANOS

Estas plantitas de diente de león,
¡qué aficionadas a extenderse son!

No hay un jardín donde no estén presentes,
porque la brisa esparce sus simientes.

¿Quieres hacerme un pequeño favor?
Di en este prado cuántas hay en flor.

(Cuenta por cincos las plantas que ves
y tres vilanos les restas después.)

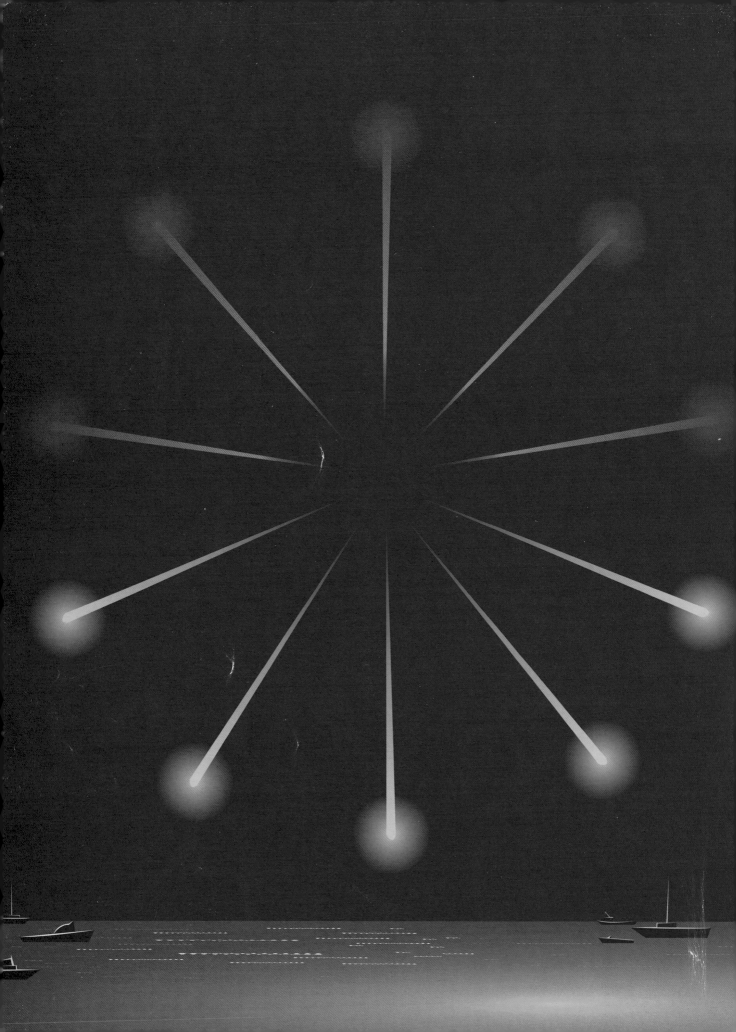

FIESTA NOCTURNA

La noche arde en resplandores
que la tiñen de colores:

¡son invenciones geniales
los fuegos artificiales!

¿Contamos estas centellas?
Si te fijas bien en ellas

verás que la agilidad
está en doblar la mitad.

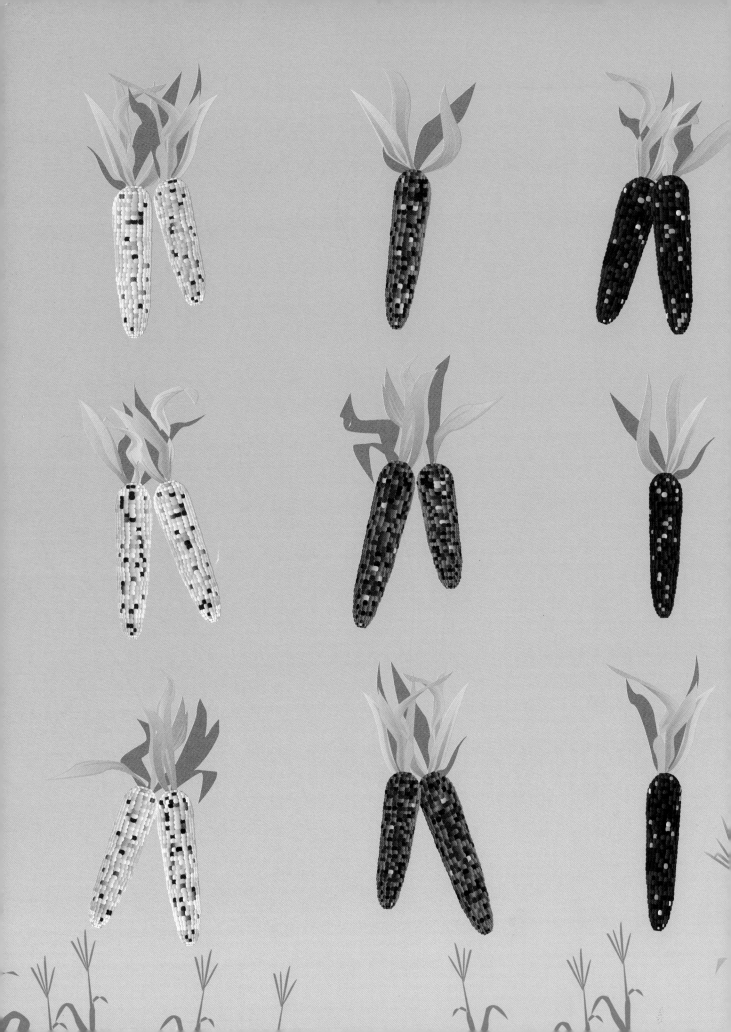

UN CEREAL ORIGINAL

Ese maíz de granos rojos
jamás lo vieron mis ojos.

Y azul, por si fuera poco...
¡el maizal se ha vuelto loco!

Pero tú y yo razonemos:
¿cuántas mazorcas tenemos?

Aquí parece acertado
moverse de lado a lado.

LOS ROBLES DEL FUTURO

Alto y fuerte, hermoso y noble,
el rey del bosque es el roble;

pero nace (toma nota)
de una pequeña bellota.

Si éstas que ahora ves aquí
quisieras contar por mí,

observa que dos y tres
hacen cinco: ¡fácil es!

NOCHE DE BRUJAS

Calabazas, luna llena,
fantasmas y almas en pena,

todo son sustos y enredo
para pasarlo de miedo.

¿Puedo pedir que me cuentes
esas caritas sonrientes?

(Suma el conjunto; después
resta dos... ¡y sal por pies!)

TONOS DE OTOÑO

Anuncia el pavo cebado
que el verano ha terminado

y en las hojas le hacen coro
el rojo, el pardo y el oro.

¿Cuántas hojas lleva el viento?
Lo sabrás en un momento

si de abajo arriba ves
que hay un grupo, dos y tres.

CAE LA NIEVE

Este ligero, blanco y blanco velo
son lágrimas que a veces llora el cielo.

O quizá son los copos de la nieve
una caricia delicada y leve.

En fin, ¿cuántos ha ampliado aquí el artista?
(Porque nadie los ve así a simple vista.)

También tus cuentas tendrán ligereza
si ladeas un poco la cabeza.

HELADOS Y TRUCOS

¡Carámbanos! ¡Qué emoción!
¡Y qué fresca tentación!

"No los chupéis", Mamá grita.
"Los más limpios", Papa invita.

¿Cuántos hay? Yo sólo digo
que el cinco es un buen amigo.

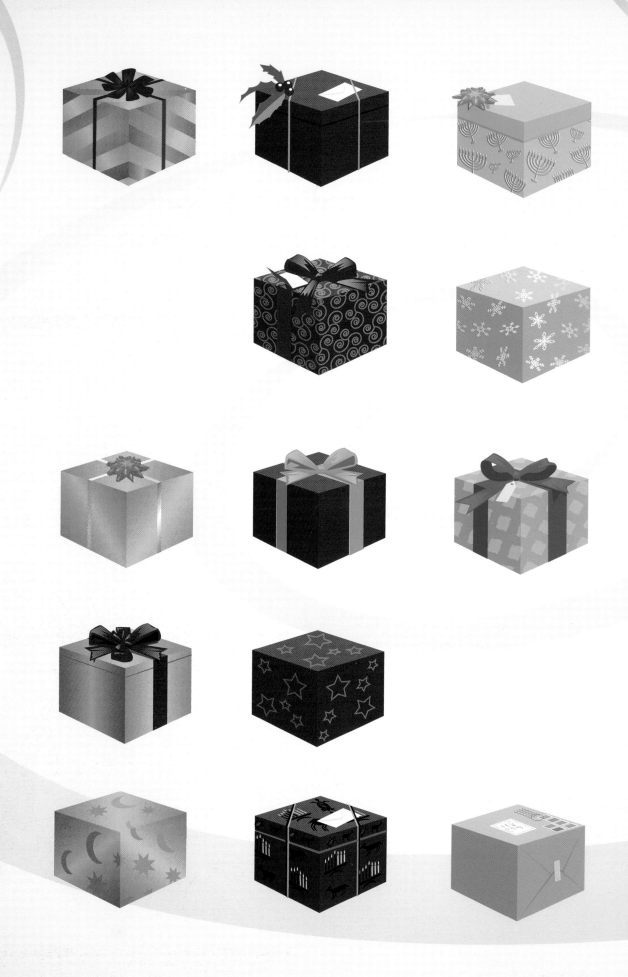

ESPÍRITU DE CELEBRACIÓN

Tiempo de fiesta: días de compartir
y pensar más en dar que en recibir.

Si un mundo más feliz todos queremos,
¡tendremos que dar más y pedir menos!

¿Cuántos regalos nos alegrarán?
Haz como si vieras los que no están;

suma incluyéndolos en vertical
y réstalos de la cuenta al final.

¡FELIZ AÑO NUEVO!

En el mundo se festeja
que llegó la Nochevieja,

y se recibe con ruido
al Año recién nacido.

Cuenta, si no te molesta,
estos gorritos de fiesta.

Si primero encuentras diez,
¡ya verás qué rapidez!

SOLUCIONES

PRIMAVERA HOLANDESA

En lugar de sumar los tulipanes
por filas horizontales, súmalos por
columnas. Como cada columna
tiene 5 tulipanes, hay 15 tulipanes
en total.

$5 + 5 + 5 = 15$

¡NO PARA DE LLOVER!

Siempre que sea posible, junta
números que den sumas fáciles.
Los paraguas se pueden agrupar
en 2 parejas de 10 lunares cada una,
que hacen un total de 20 lunares.

$10 + 10 = 20$

¡CÁSCARAS!

Primero haz la suma de todos
los huevos, incluido el del centro,
que todavía no se ha abierto. Hay
3 filas de 3 huevos cada una,
9 huevos en total. Resta el huevo
del centro, y el resultado
son 8 pollitos.

$9 - 1 = 8$

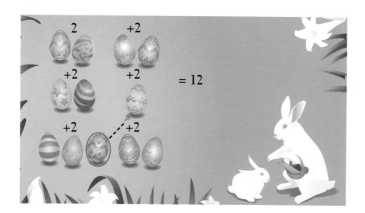

ARTE PASCUAL

Primero imagina que trasladas
un huevo de donde hay 3 a donde
hay 1 solo. Entonces tendrás
6 grupos de 2 huevos cada uno,
es decir, 12 huevos.

$2 + 2 + 2 + 2 + 2 + 2 = 12$

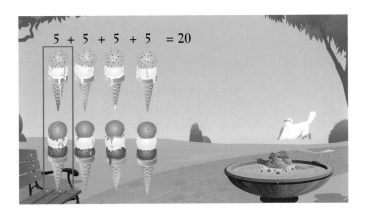

LAMER Y CONTAR

En lugar de sumar las bolas por filas horizontales, súmalas por columnas. Como en cada columna hay 5 bolas, el total son 20 bolas.

$5 + 5 + 5 + 5 = 20$

ALAS PUNTEADAS

Siempre que sea posible, junta números que den sumas fáciles. Las mariposas se pueden agrupar en 2 parejas de 10 puntos cada una, que hacen un total de 20 puntos.

$10 + 10 = 20$

TRES VILANOS

Primero haz la suma de todas las plantitas de diente de león, incluidas las que ya son vilanos. Hay 2 columnas de 5 plantas cada una, 10 plantas en total. Resta los 3 vilanos, y el resultado son 7 plantas que todavía están en flor.

$10 - 3 = 7$

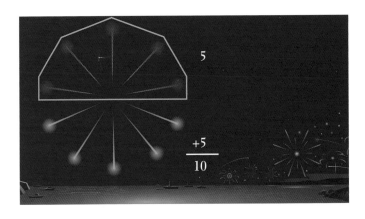

FIESTA NOCTURNA

Como las centellas son simétricas, te bastará contar las de una mitad. Dobla esa cantidad y tendrás 10 centellas en total.

$5 + 5 = 10$

UN CEREAL ORIGINAL

En lugar de sumar las mazorcas por columnas, súmalas por filas horizontales. Como en cada fila hay 5 mazorcas, el total son 15 mazorcas.

$5 + 5 + 5 = 15$

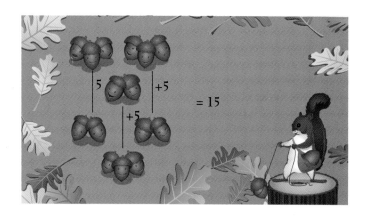

LOS ROBLES DEL FUTURO

Siempre que sea posible, junta números que den sumas fáciles. Las bellotas se pueden agrupar en 3 conjuntos de 5 bellotas cada uno, que hacen un total de 15 bellotas.

$5 + 5 + 5 = 15$

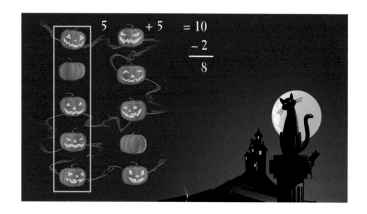

NOCHE DE BRUJAS

Primero haz la suma de todas las calabazas, incluidas las 2 que están enteras. Hay 2 columnas de 5 calabazas cada una, 10 calabazas en total. Resta las 2 enteras, y el resultado son 8 caritas sonrientes.

$10 - 2 = 8$

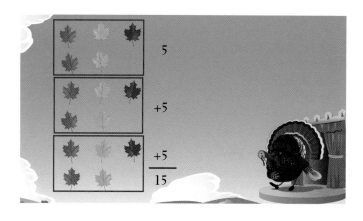

TONOS DE OTOÑO

Observa que hay 5 hojas en las dos filas de arriba. La misma pauta se repite hacia abajo una vez y otra vez, de modo que en total hay 15 hojas.

$5 + 5 + 5 = 15$

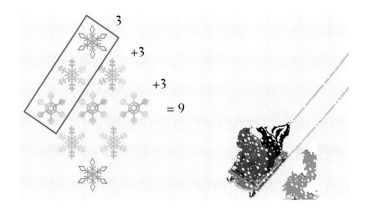

CAE LA NIEVE
En lugar de ver los copos por filas
horizontales, mira en diagonal
y verás 3 grupos de 3 copos,
es decir, 9 copos.
$3 + 3 + 3 = 9$

HELADOS Y TRUCOS
Siempre que sea posible, junta
números que den sumas fáciles.
Los carámbanos se pueden agrupar
en 2 conjuntos de 5 carámbanos
cada uno, que hacen un total
de 10 carámbanos.
$5 + 5 = 10$

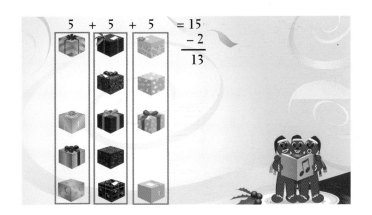

ESPÍRITU DE CELEBRACIÓN
Primero imagina que hubiera
2 regalos en los espacios vacíos.
Entonces habría 3 columnas de
5 regalos, 15 regalos en total. Resta
de 15 los 2 regalos imaginarios,
y el resultado son 13 regalos.
$15 - 2 = 13$

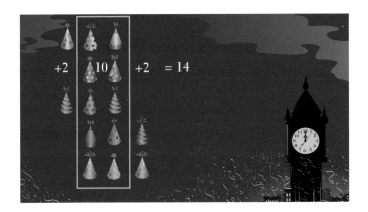

¡FELIZ AÑO NUEVO!
Observa que hay un rectángulo
formado por 2 columnas de 5 gorros
cada una, es decir, 10 gorros.
Sumando los otros 4 gorros tendrás
14 gorros en total.
$10 + 2 + 2 = 14$

UN, DOS, TRES…
EL AÑO SE FUE

Un, dos, tres… el año se fue es el segundo título
de una serie de libros que enseñan a los pequeños
a resolver problemas. Escrito para niños de 5 a 8 años,
tiene como propósito el animar a reflexionar sobre
los problemas en lugar de acudir a las fórmulas
y la memorización. Este libro también puede facilitar
la transición de la actividad de contar a la aritmética,
pues en él se presentan maneras intuitivas de agrupar
y sumar los números.

Este título incide en cuatro puntos fundamentales a la
hora de solucionar problemas:

- Enseñar a los niños a mantener el espíritu abierto
y considerar una multiplicidad de planteamientos,
no sólo los más evidentes.

- Animarles a pensar con estrategia, agrupando los números de distintas formas para que la adición sea más sencilla.

- Presentarles métodos con los que ahorrar tiempo, como el de restar para sumar.

- Y finalmente, los niños aprenderán a simplificar los problemas buscando pautas y simetrías.

Al escribir *Un, dos, tres… el año se fue* he querido que los niños se interesen por las matemáticas mostrándoles lo divertido que puede ser resolver problemas. Mi deseo es inspirarles a tener seguridad en sí mismos y en su capacidad de pensar creativamente; el plantear los problemas en forma de versos e imágenes tiene como fin que las matemáticas puedan abordarse de una manera menos estrecha y más interesante. ¡Que disfruten!

GREG TANG

Greg Tang piensa que todos los niños pueden ser buenos alumnos de matemáticas, y se ha propuesto lograr que para todos ellos sean una parte natural de la vida. Su enfoque visual e intuitivo enseña a la vez tácticas de cálculo y de resolución de problemas, y es tan divertido y apasionante que al niño se le olvida que está aprendiendo matemáticas.

Greg Tang, doctor en ciencias económicas por Harvard, se tituló también en pedagogía de las matemáticas por la Universidad de Nueva York. Ha dado clase a alumnos de todas las edades, desde el jardín de infancia hasta la universidad, y ha aplicado sus métodos de resolución de problemas a la creación de empresas y productos de éxito en diversos sectores. Reside en Belmont (Massachusetts) con sus tres hijos.

HARRY BRIGGS

Estudió ilustración en el Art Center College of Design de Pasadena (California), y ahora trabaja como artista y publicitario. Sus exuberantes imágenes creadas en ordenador reflejan su dominio de medios tan variados como la acuarela, el dibujo a pluma y carboncillo, la xilografía y la pintura al óleo. Reside en Seaside (California) con su esposa, tres perros y dos gatos.

Con especial gratitud a Stephanie Luck
por su inspiración, su creatividad y
su buen humor.

Dirección editorial: Raquel López Varela
Coordinación editorial: Ana María García Alonso

Published by arrangement with Scholastic Inc.,
557 Broadway, New York, NY 10012, USA
© EDITORIAL EVEREST, S. A.
Carretera León-La Coruña, km. 5 - LEÓN
ISBN: 84-241-8074-7
Depósito Legal: LE. 518-2004
Printed in Spain - Impreso en España

EDITORIAL EVERGRÁFICAS, S. L.
Carretera León-La Coruña, km. 5
LEÓN (España)
Atención al cliente: 902 123 400
www.everest.es